165⁵⁰ 69

DE
LA CHARTE
D'UN PEUPLE LIBRE.

Le Peuple français ayant reconquis ses droits, quelle sera désormais la Charte d'un Peuple libre et digne de la Liberté ?

PAR

A. D. VERGNAUD,

ANCIEN ÉLÈVE DE L'ÉCOLE POLYTECHNIQUE.

Se vend au profit des blessés, des veuves et des orphelins des citoyens morts pour la patrie.

AOUT 1830.

STRASBOURG,

DE L'IMPRIMERIE DE Mme Ve SILBERMANN, PLACE SAINT-THOMAS, N° 3.
1830.

J'avais depuis long-temps mûri mes opinions par une étude constante des constitutions de tous les peuples; je les publie comme miennes, et non comme les meilleures, avec la conscience de remplir le devoir d'un bon citoyen.

Strasbourg, 4 août 1830.

A. D. Vergnaud,

Ancien Élève de l'école polytechnique.

DE LA CHARTE

D'UN PEUPLE LIBRE,

Le peuple français ayant reconquis ses droits, quelle sera désormais la Charte d'un peuple libre et digne de la liberté ?

CHAPITRE PREMIER.

BASES DU GOUVERNEMENT REPRÉSENTATIF EN FRANCE.

Discutée publiquement par les députés, soumise à l'approbation de chaque citoyen, adoptée à la majorité des deux tiers des voix au moins, dans les assemblées primaires, et par des votes exprimés sur des registres publics à ce destinés, *la Charte, loi suprême de l'État*, consacre les droits de tous les Français, impose à tous un même devoir, celui de sacrifier constamment son intérêt particulier à l'intérêt général de la France, à la liberté de la patrie.

Souveraineté de la nation, délégation des pouvoirs.

1. La souveraineté est une, indivisible, inaliénable et imprescriptible; elle appartient à la nation; aucune section du peuple ni aucun individu ne peut s'en attribuer l'exercice.

2. La nation, de qui seule émanent tous les pouvoirs, ne peut les exercer que par délégation.

3. La nation est représentée par la réunion des trois pouvoirs, législatif, exécutif, judiciaire, et ne peut être représentée ni par l'un ni par l'autre de ces trois pouvoirs séparément.

Division des trois pouvoirs, législatif, exécutif, judiciaire.

1° *Le pouvoir législatif*, c'est-à-dire le pouvoir de faire les lois, est délégué *aux députés et aux pairs.*

La chambre des députés, élective, composée de six cents membres, qui se renouvellent chaque année par sixième, propose et discute publiquement les lois.

La chambre des pairs, composée de trois cents membres, inamovibles, nommés à vie, délibère publiquement sur les lois proposées et sur leur conformité avec l'esprit et la lettre de la Charte.

Le concours des deux chambres est seul indispensable à l'adoption des lois.

2° *Le pouvoir exécutif*, c'est-à-dire le pouvoir de faire exécuter les lois dans les cas et avec les formes prescrites par les lois, est délégué au *Roi*, pour être exercé sous son autorité par des ministres et des agens responsables, de la manière qui sera déterminée par la Charte.

Le *Roi* héréditaire, nommé par la Charte, et soumis, comme la Charte, à l'acceptation du peuple, promulgue et fait exécuter les lois, sans pouvoir jamais , ni suspendre l'exécution des lois , ni faire des proclamations qui en tiennent lieu.

5° *Le pouvoir judiciaire*, c'est-à-dire le pouvoir de juger , d'après les lois , les différends qui peuvent survenir entre les citoyens, ou les délits qu'ils ont pu commettre , est délégué à des *juges inamovibles* dont la Charte règle la nomination , les fonctions et les devoirs.

CHAPITRE II.

DÉCLARATION DES DROITS ET DES DEVOIRS DU CITOYEN FRANÇAIS.

Droits.

1. Les droits du citoyen français sont la liberté , l'égalité , la sûreté , la propriété.

2. La liberté consiste à pouvoir faire ce qui ne nuit pas aux droits d'autrui.

La liberté de la presse et de tout autre moyen de publier ses pensées ne peut être interdite , suspendue ni limitée.

3. L'égalité consiste en ce que la loi soit la même pour tous, soit qu'elle protège, soit qu'elle punisse.

L'égalité n'admet aucune distinction de naissance , aucune hérédité de pouvoirs.

4. La sûreté résulte du concours de tous pour assurer les droits de chacun.

5. La propriété est le droit de jouir et de disposer de ses biens, de ses travaux, du fruit de son travail et de son industrie.

6. La loi est la volonté générale exprimée par le pouvoir législatif.

7. Ce qui n'est pas défendu par la loi ne peut être empêché.

Nul ne peut être contraint à faire ce qu'elle n'ordonne pas.

8. Nul ne peut être appelé en justice, accusé, arrêté, ni détenu que dans les cas déterminés par la loi et selon les formes qu'elle a prescrites.

9. Ceux qui sollicitent, expédient, signent, ou font exécuter des actes arbitraires, sont coupables, et doivent être punis.

10. Toute rigueur qui ne serait pas nécessaire pour s'assurer de la personne d'un prévenu, doit être sévèrement réprimée par la loi.

11. Nul ne peut être jugé qu'après avoir été entendu ou légalement appelé.

12. La loi ne doit décerner que des peines strictement nécessaires et proportionnées au délit.

13. Tout traitement qui aggrave la peine déterminée par la loi est un crime.

14. Aucune loi, ni criminelle, ni civile, ne peut avoir d'effet rétroactif.

15. Tout homme peut engager son temps et ses services; mais il ne peut se vendre ni être vendu; sa personne n'est pas une propriété aliénable.

16. Toute contribution est établie pour l'utilité générale; elle doit être répartie entre les contribuables, en raison de leurs facultés.

17. La garantie sociale ne peut exister si la division des pouvoirs n'est pas établie, si leurs limites ne sont pas fixées, et si la responsabilité des fonctionnaires n'est pas assurée.

Devoirs.

1. Tous les devoirs du citoyen français dérivent de ces deux principes, gravés par la nature dans tous les cœurs :

Ne faites pas à autrui ce que vous ne voudriez pas qu'on vous fît ;

Faites constamment aux autres le bien que vous voudriez en recevoir.

2. Les devoirs du citoyen envers la société consistent à la défendre, à la servir, à vivre soumis aux lois et à respecter ceux qui en sont les organes.

3. Nul n'est bon citoyen s'il n'est bon fils, bon père, bon frère, bon ami, bon époux.

4. Nul n'est homme de bien s'il n'est franchement et religieusement observateur des lois.

5. Celui qui viole ouvertement les lois se déclare en état de guerre avec la société ou la patrie.

6. Celui qui, sans enfreindre ouvertement les lois, les élude par ruse ou par adresse, blesse les intérêts de tous ; il se rend indigne de leur bienveillance et de leur estime.

7. C'est sur le maintien des propriétés que reposent la culture des terres, toutes les productions, tout moyen de travail et tout ordre social.

8. Tout citoyen doit ses services à la patrie et au maintien de la liberté, de l'égalité et de la propriété, toutes les fois que la loi l'appelle à les défendre.

CHAPITRE III.

DÉCLARATION DES DROITS ET DES DEVOIRS DU ROI DES FRANÇAIS.

1. Les droits et les devoirs du Roi des Français sont ceux de chacun des citoyens, dont il est le délégué pour exercer le pouvoir exécutif, conformément à la Charte.

2. La distinction de naissance et l'hérédité des pouvoirs, réservées au Roi seul, lui imposent l'obligation constante de voir cette exception unique dans la Charte, non comme une distinction réelle de naissance, car elle ne peut exister; non comme une prérogative de sa race, car il est citoyen et fait partie du peuple, mais uniquement comme un emblème de la loi vivante, emblème nécessaire à la stabilité du gouvernement représentatif en France.

CHARTE DES FRANÇAIS.

———◦◦◦———

TITRE Ier.

DIVISION DU TERRITOIRE.

Art. 1er. La France est divisée en . . . . . . départemens. Ces départemens sont :

(*Division actuelle, sauf rectification par le pouvoir législatif.*)

2. Chaque département est divisé en cantons, chaque canton en communes :

(*Circonscriptions actuelles, sauf modification par le pouvoir législatif.*)

3. Les colonies font partie intégrante du territoire de la France. Elles sont soumises à la Charte française, sauf les modifications indispensables qui seront réglées par une loi.

(*La division en départemens, cantons et communes, sera faite par le pouvoir législatif.*)

TITRE II.

ÉTAT POLITIQUE DES CITOYENS.

4. Tout homme né et résidant en France, qui, âgé de vingt-un ans accomplis, s'est fait inscrire sur le registre civique de son arrondissement communal, qui a demeuré depuis pendant une année sur le territoire de la France, et qui paie une contribution directe, foncière ou personnelle, est citoyen français.

5. Un étranger devient citoyen français, lorsqu'après

avoir atteint l'âge de vingt-un ans accomplis et avoir déclaré l'intention de se fixer en France, il y a résidé pendant trois années consécutives, pourvu qu'il y paie une contribution directe, et qu'en outre il y possède une propriété foncière ou un établissement d'agriculture ou de commerce, ou qu'il ait épousé une française.

6. Les citoyens français peuvent seuls voter dans les assemblées primaires, et être appelés aux fonctions établies par la Charte.

7. L'exercice des droits de citoyen se perd :

Par la naturalisation en pays étranger ;

Par l'acceptation de fonctions ou pensions offertes par un gouvernement étranger ;

Par l'affiliation à toute corporation quelconque |qui supposerait des distinctions de naissance ou qui exigerait des vœux de religion ;

Par la condamnation à des peines afflictives ou infamantes, jusqu'à réhabilitation.

8. L'exercice des droits de citoyen est suspendu :

Par l'interdiction judiciaire pour cause de fureur, de démence, ou d'imbécilité ;

Par l'état de débiteur failli ou d'héritier immédiat, détenteur à titre gratuit, de tout ou partie de la succession d'un failli ;

Par l'état de domestique à gages attaché au service de la personne ou du ménage ;

Par l'état d'accusation ;

Par un jugement de contumace, tant que le jugement n'est pas anéanti.

9. L'exercice des droits de citoyen n'est perdu ni suspendu que dans les cas exprimés par les deux articles précédens.

10. Tout citoyen français qui aura résidé dix années consécutives hors du territoire de la France, sans mission ou autorisation donnée par le Roi, et conformément à la Charte, est réputé étranger : il ne redevient citoyen français qu'après avoir satisfait aux conditions prescrites par l'art. 5.

11. Les jeunes gens ne peuvent être inscrits sur le registre civique, s'ils ne prouvent qu'ils savent lire et écrire.

TITRE III.

ASSEMBLÉES PRIMAIRES.

12. Les assemblées primaires se composent des citoyens domiciliés dans le même canton.

Le domicile requis pour voter dans ces assemblées s'acquiert par la seule résidence pendant une année, et il ne se perd que par un an d'absence.

13. Nul ne peut se faire remplacer dans les assemblées primaires, ni voter pour le même objet dans plus d'une de ces assemblées.

14. Il y a au moins une assemblée primaire par canton.

Lorsqu'il y en a plusieurs, chacune est composée de quatre cent cinquante citoyens au moins, de neuf cents au plus.

Ces nombres s'entendent des citoyens présens ou absens ayant droit d'y voter.

15. Les assemblées primaires se constituent provisoirement sous la présidence du plus ancien d'âge ; le plus jeune remplit provisoirement les fonctions de secrétaire.

16. Elles sont définitivement constituées par la nomination, au scrutin secret, d'un président, d'un secrétaire et de trois scrutateurs.

17. S'il s'élève des difficultés sur les qualités requises pour voter, l'assemblée statue provisoirement, sauf le recours au tribunal civil du département.

18. En tout autre cas, la chambre des députés prononce seule sur la validité des assemblées primaires.

19. Nul ne peut paraître en armes dans les assemblées primaires.

20. Leur police leur appartient.

21. Les assemblées primaires se réunissent :

Pour accepter ou rejeter les changemens à la Charte, proposés par les assemblées de révision ;

Pour faire les élections qui leur appartiennent suivant la Charte.

22. Elles s'assemblent de plein droit chaque année, le 1er mai, et procèdent, selon qu'il y a lieu, à la nomination :

Des membres de l'assemblée électorale ;

Des jurés ;

Du juge de paix et de ses assesseurs ;

Du président de l'administration municipale du canton, ou des officiers municipaux dans les communes au-dessus de cinq mille habitans.

23. Immédiatement après ces élections, il se tient, dans les communes au-dessous de cinq mille habitans, des assemblées communales qui élisent les agens de chaque commune et leurs adjoints.

24. Ce qui se fait dans une assemblée primaire ou communale, au-delà de l'objet de sa convocation, et contre les formes déterminées par la Charte, est nul.

25. Les assemblées, soit primaires, soit communales, ne font aucune autre élection que celles qui leur sont attribuées par la Charte.

26. Toutes les élections se font au scrutin secret.

27. Tout citoyen qui est légalement convaincu d'avoir vendu ou acheté un suffrage, est exclu des assemblées primaires et communales, et de toute fonction publique, pendant vingt ans; en cas de récidive, il l'est pour toujours.

28. Les listes des citoyens susceptibles d'être nommés électeurs ou députés, indiquent le cens électoral de chacun; elles sont permanentes et publiques dans le lieu où se tiennent les assemblées primaires.

Une loi indique le mode de formation et de rectification de ces listes.

TITRE IV.

ASSEMBLÉES ÉLECTORALES.

29. Chaque assemblée primaire nomme un électeur à raison de deux cents citoyens, présens ou absens, ayant droit de voter dans ladite assemblée. Jusqu'au nombre de trois cents citoyens inclusivement, il n'est nommé qu'un électeur.

Il en est nommé deux, depuis trois cent un jusqu'à cinq cents.

Trois, depuis cinq cent un jusqu'à sept cents.

Quatre, depuis sept cent un jusqu'à neuf cents.

30. Les membres des assemblées électorales sont nommés chaque année; ils peuvent être réélus.

31. Nul ne peut être nommé électeur s'il n'a vingt-cinq ans accomplis, et s'il ne paie une contribution directe de cent cinquante francs.

32. Les articles 13, 15, 16, 18, 19, 20, 24, 25 et 26 du titre précédent, sur les assemblées primaires, sont communs aux assemblées électorales.

33. L'assemblée électorale de chaque département se réunit le 20 mai de chaque année, et termine en une seule

session de dix jours au plus, et sans pouvoir s'ajourner, toutes les élections qui se trouvent à faire; après quoi elle est dissoute de plein droit.

34. Les assemblées élisent selon qu'il y a lieu :

Les députés ;

Les juges de commerce ;

Les administrateurs de département.

35. Lorsqu'un citoyen est élu par les assemblées électorales pour remplacer un fonctionnaire mort, démissionnaire ou destitué, ce citoyen n'est élu que pour le temps qui restait au fonctionnaire remplacé.

36. Le commissaire du Roi, près l'administration de chaque département, est tenu, sous peine de destitution, d'informer le Roi de l'ouverture et de la clôture des assemblées électorales : ce commissaire n'en peut arrêter ni suspendre les opérations, ni entrer dans le lieu des séances; mais il a droit de demander communication du procès-verbal de chaque séance dans les vingt-quatre heures qui la suivent, et il est tenu de signaler au Roi les infractions qui seraient faites à la Charte.

Dans tous les cas, la chambre des députés prononce seule sur la validité des opérations des assemblées électorales.

37. Les listes des citoyens susceptibles d'être nommés députés sont permanentes et publiques dans le lieu où se tiennent les assemblées électorales.

Une loi indique le mode de formation et de rectification de ces listes.

TITRE V.

POUVOIR LÉGISLATIF, CORPS LÉGISLATIF.

38. Le corps législatif est composé de la chambre des députés et de la chambre des pairs; le pouvoir législatif est

représenté par la réunion des deux chambres , et ne peut être représenté ni par l'une ni par l'autre des chambres séparément.

59. Le peuple délègue exclusivement au pouvoir législatif le droit :

1º De proposer et décréter les lois ; le Roi peut seulement inviter le corps législatif à prendre un objet en considération ;

2º De fixer les dépenses publiques ;

5º D'établir les contributions publiques , d'en déterminer la nature , la qualité , la durée et le mode de perception ;

4º De faire la répartition de la contribution directe entre les départemens du royaume ; de surveiller l'emploi de tous les revenus publics , et de s'en faire rendre compte ;

5º De statuer annuellement , après la proposition du Roi , sur le nombre d'hommes et de vaisseaux dont les armées de terre et de mer seront composées ; sur la solde et le nombre d'individus de chaque grade ; sur les règles d'admission et d'avancement , les formes de l'engagement , du recrutement et du dégagement , la formation des équipages de mer ; de décider la paix et la guerre , sur la proposition du Roi , et de ratifier les traités de paix , d'alliance et de commerce ;

6º De déterminer la responsabilité des ministres et des agens du pouvoir exécutif ;

7º De décerner seul les honneurs publics à la mémoire des grands hommes ;

8º D'établir les lois d'après lesquelles les marques d'honneur ou décorations purement personnelles seront accordées à ceux qui ont rendu des services à l'État.

40. En aucun cas le corps législatif ne peut déléguer à un ou plusieurs de ses membres , ni à qui que ce soit , aucune des fonctions qui lui sont attribuées par la Charte.

41. Il ne peut exercer par lui-même , ni par des délégués , le pouvoir exécutif ni le pouvoir judiciaire.

2

42. Il y a incompatibilité entre la qualité de député ou de pair et l'exercice d'une autre fonction publique.

43. La loi détermine le mode du remplacement définitif ou temporaire des fonctionnaires publics qui viennent à être élus députés ou pairs.

44. Chaque département concourt, à raison de sa population seulement, à la nomination des députés.

45. Tous les cinq ans le pouvoir législatif, d'après les états de population qui lui sont envoyés, détermine le nombre de députés que chaque département doit fournir.

46. Aucun changement ne peut être fait à cette répartition durant cet intervalle.

47. Les députés et les pairs ne sont pas les représentans du département qui les a fournis, mais de la nation entière, et il ne peut leur être donné aucun mandat.

48. Si, par des circonstances extraordinaires, la chambre des députés se trouve réduite à moins des deux tiers de ses membres, elle en donne avis au Roi, lequel est tenu de convoquer sans délai les assemblées électorales qui procèdent sur-le-champ au remplacement des députés.

49. Si, par des circonstances extraordinaires, la chambre des pairs se trouve réduite à moins des deux tiers de ses membres, elle en donne avis à la chambre des députés et au Roi, qui sont tenus de procéder sur-le-champ au remplacement des pairs, dans les formes voulues par la Charte.

50. La session annuelle des chambres a lieu à Paris; elle commence au 1er novembre et finit au 1er mars.

Néanmoins le pouvoir législatif est permanent; il peut se réunir et s'ajourner à des termes que la chambre des députés désigne : il doit se réunir immédiatement sur une proclamation du Roi.

51. En aucun cas les deux chambres ne peuvent se réunir dans une même salle pour délibérer.

52. Les fonctions de président et de secrétaire ne peuvent excéder la durée de deux sessions annuelles, ni dans la chambre des députés, ni dans celle des pairs.

52. Les chambres ont respectivement le droit de police dans le lieu de leurs séances et dans l'enceinte extérieure qu'elles ont déterminé.

53. Les chambres ont respectivement le droit de police sur leurs membres, mais elles ne peuvent prononcer de peine plus forte que la censure.

54. Les séances de l'une et de l'autre chambre sont publiques : les assistans ne peuvent excéder en nombre la moitié des membres respectifs de chaque chambre.

Les procès-verbaux des séances sont imprimés.

Toute pétition à l'une ou à l'autre des chambres ne peut être faite et présentée que par écrit.

55. Toute délibération se prend par assis et levé; en cas de doute il se fait un appel nominal; mais alors les votes sont secrets.

56. Sur la demande de l'un de ses membres, appuyée par le tiers de ses membres, chaque chambre peut se former en comité général et secret, mais seulement pour discuter et non pour délibérer.

57. Ni l'une ni l'autre chambre ne peut créer dans son sein aucun comité permanent.

Seulement chaque chambre a la faculté, lorsqu'une matière lui paraît susceptible d'un examen préparatoire, de nommer parmi ses membres une commission spéciale qui se renferme uniquement dans l'objet de sa formation.

Cette commission est dissoute aussitôt que la chambre a statué sur l'objet dont elle était chargée.

2*

58. Les députés n'ont aucun traitement, aucune indemnité.

Les pairs ont un traitement annuel fixé, comme la liste civile, par une loi, et pour toute la durée d'un règne.

Chambre des députés.

59. La chambre des députés est invariablement fixée à six cents membres.

60. Nul ne peut être nommé député, s'il n'est citoyen français, âgé de trente ans accomplis, et s'il ne paie une contribution directe de cinq cents francs.

61. La chambre ne peut délibérer si la séance n'est composée de deux cent cinquante députés au moins.

62. La proposition des lois appartient exclusivement à la chambre des députés.

Elle concourt avec le Roi à la nomination des pairs, en présentant une liste de trois candidats, sur laquelle le Roi est tenu de choisir immédiatement.

63. Aucune proposition ne peut être délibérée ni résolue dans la chambre des députés qu'en observant les formes suivantes :

Il se fait trois lectures de la proposition; l'intervalle entre deux de ces lectures ne peut être moindre de dix jours.

La discussion est ouverte après chaque lecture; et néanmoins, après la première ou la seconde, la chambre peut déclarer qu'il y a lieu à l'ajournement ou qu'il n'y a pas lieu à délibérer.

Toute proposition qui, soumise à la discussion, a été définitivement rejetée après la troisième lecture, ne peut être reproduite dans la même session annuelle.

64. Les propositions adoptées par la chambre des députés s'appellent *résolutions*.

65. Le préambule de toute résolution énonce :

1° Les dates des séances auxquelles les trois lectures de la proposition auront été faites ;

2° L'acte par lequel il a été déclaré, après la troisième lecture, qu'il n'y a pas lieu à l'ajournement.

66. Sont exemptes des formes prescrites par l'art. 63 les propositions reconnues urgentes par une déclaration préalable de la chambre des députés.

Cette déclaration énonce les motifs de l'urgence, et il en est fait mention dans le préambule de la résolution.

67. La proposition du budget est de droit la première en délibération à l'ouverture de chaque session annuelle : si elle n'est pas adoptée comme *résolution*, aux deux tiers des voix, le roi est tenu de changer immédiatement les ministres.

Chambre des pairs.

68. La chambre des pairs est invariablement fixée à trois cents membres.

69. Nul ne peut être nommé pair s'il n'est citoyen français, âgé de quarante ans accomplis, et s'il ne paie une contribution directe de mille francs.

70. La chambre ne peut délibérer, si la séance n'est composée de cent cinquante membres au moins.

Elle concourt avec le Roi à la nomination des juges inamovibles, en présentant une liste de trois candidats, sur laquelle le Roi est tenu de choisir immédiatement.

71. Il appartient exclusivement à la chambre des pairs d'approuver ou de rejeter les résolutions de la chambre des députés.

Néanmoins, la résolution du budget ne peut être rejetée par la chambre des pairs qu'à l'unanimité. Si elle est rejetée à l'unanimité, le Roi est tenu de changer immédiatement les ministres.

72. Aussitôt qu'une résolution de la chambre des députés est parvenue à la chambre des pairs, le président donne lecture du préambule.

73. Si la résolution n'est pas précédée d'un acte d'urgence, il en est fait trois lectures; l'intervalle entre deux de ces lectures ne peut être moindre de cinq jours.

La discussion est ouverte après chaque lecture.

Toute résolution est imprimée et distribuée deux jours au moins avant la seconde lecture.

74. Les résolutions de la chambre des députés adoptées par la chambre des pairs s'appellent *lois*.

75. Le préambule des lois énonce les dates des séances de la chambre des pairs auxquelles les trois lectures ont été faites.

76. La proposition de la loi faite par la chambre des députés s'entend de tous les articles d'un même projet; la chambre des pairs doit les rejeter tous ou les approuver dans leur ensemble.

77. L'approbation de la chambre des pairs est exprimée sur chaque proposition de loi par cette formule, signée du président et des secrétaires : *La chambre des pairs adopte.*

78. Le refus d'approuver le fonds de la loi est exprimé par cette formule, signée du président et des secrétaires : *La chambre des pairs ne peut adopter.*

79. Dans le cas du précédent article, le projet de loi rejeté ne peut plus être présenté par la chambre des députés pendant la durée de la même session annuelle.

80. La chambre des députés peut néanmoins présenter, à quelque époque que ce soit, un projet de loi qui contienne des articles faisant partie d'un projet qui a été rejeté.

81. Le chambre des pairs envoie dans le jour les lois qu'elle a adoptées, tant à la chambre des députés qu'au Roi.

Garantie des députés et des pairs.

82. Aucune contrainte par corps ne peut être exercée contre un membre de l'une ou de l'autre des chambres durant la session, soit annuelle, soit extraordinaire, prévue par l'art. 50, et dans les cinq semaines qui l'auront précédée ou suivie.

83. Aucun membre de l'une ou de l'autre des chambres ne peut, pendant la durée de la session, soit annuelle, soit extraordinaire, être poursuivi ni arrêté en matière criminelle, sauf le cas de flagrant délit, qu'après que la chambre a permis sa poursuite.

84. Aucun membre de l'une ou de l'autre des chambres ne peut être recherché, accusé, ni jugé en aucun temps pour ce qu'il aura dit, écrit, ou fait dans l'exercice de ses fonctions de député ou de pair.

Relation des deux chambres entre elles.

85. Lorsque les deux chambres sont définitivement constituées, elles s'en avertissent mutuellement par un messager d'État.

86. Chaque chambre nomme quatre messagers d'État pour son service.

87. Ils portent à chacune des chambres et au Roi les actes du corps législatif: ils ont entrée à cet effet dans le lieu des séances de chacune des chambres, lors même qu'elles sont formées en comité secret, et auprès de la personne du Roi, lors même qu'il tient conseil avec ses ministres.

Ils marchent précédés de deux huissiers.

88. L'une des chambres ne peut s'ajourner au-delà de cinq jours, sans le consentement de l'autre.

Promulgation des lois.

89. Le Roi fait sceller et publier les lois et les autres actes du pouvoir législatif, dans les deux jours après leur réception.

90. Il fait sceller et promulguer dans le jour, les lois et actes du pouvoir législatif qui sont précédés d'un décret d'urgence.

91. La publication de la loi et des actes du pouvoir législatif est ordonnée en la forme suivante :

Au nom du peuple français, (loi ou *acte du corps législatif*)..... *le Roi ordonne que la loi* ou *l'acte législatif ci-dessus sera publié, exécuté, et qu'il sera muni du sceau du royaume.*

92. Les lois dont le préambule n'atteste pas l'observation des formes prescrites par les articles 65 et 66, ne peuvent être promulguées : la responsabilité des ministres à cet égard dure dix années.

TITRE VI.

POUVOIR EXÉCUTIF.

De la royauté et du Roi.

93. Le pouvoir exécutif est délégué à un Roi, et héréditairement à sa race, de mâle en mâle, par ordre de primogéniture, à l'exclusion perpétuelle des femmes et de leur descendance.

94. LOUIS-PHILIPPE D'ORLÉANS, appelé par le vœu spontané de la nation, dans la glorieuse semaine où le peuple a reconquis ses droits, est ROI DES FRANÇAIS.

95. La personne du Roi est inviolable et sacrée; son seul titre est *Roi des Français.*

96. La Charte est la loi suprême de l'État; il n'y a point en France d'autorité supérieure à la loi. Le Roi ne règne que par elle, et ce n'est qu'au nom de la loi qu'il peut exiger l'obéissance.

97. Le Roi, à son avènement au trône où dès qu'il aura atteint sa majorité, prêtera à la nation, en présence des chambres des députés et des pairs réunies à cet effet, le serment *d'être fidèle à la Nation, à la Charte et aux Lois, d'employer tout le pouvoir qui lui est délégué à maintenir la Charte et à faire exécuter les lois.*

Si les chambres ne sont pas assemblées, le Roi fera publier immédiatement une proclamation dans laquelle seront exprimés ce serment et la promesse de le réitérer aussitôt que les chambres seront réunies.

98. Si, dans les huit jours qui suivront son avènement au trône ou sa majorité, le Roi n'a pas prêté ce serment, ou publié sa proclamation, conformément à l'article précédent, où si, après l'avoir prêté, il le rétracte, il sera censé avoir abdiqué la royauté.

99. Si le Roi se met à la tête d'une armée et en dirige les forces contre la nation, ou s'il ne s'oppose pas, par un acte formel, à une telle entreprise qui s'exécuterait en son nom, il sera censé avoir abdiqué la royauté.

100. Si le Roi sort du royaume sans une loi expresse, ou si étant sorti il n'y rentre pas dans les délais fixés par cette loi, il sera censé avoir abdiqué la royauté.

101. Après l'abdication expresse ou légale, le Roi sera dans la classe des citoyens et pourra être accusé et jugé comme eux pour les actes postérieurs à son abdication.

102. Les biens particuliers que le Roi possède à son avènement au trône sont réunis irrévocablement au domaine de la nation; il a la disposition de ceux qu'il acquiert à

titre singulier; s'il n'en a pas disposé, ils sont pareillement réunis à la fin du règne.

103. La nation pourvoit à la splendeur du trône par une liste civile dont la chambre des députés déterminera la somme à chaque changement de règne, et pour toute la durée du règne.

104. Le Roi nommera un administrateur de la liste civile, qui exercera les actions judiciaires du Roi, et contre lequel toutes les actions à la charge du Roi seront dirigées et les jugemens prononcés. Les condamnations obtenues par les créanciers de la liste civile seront exécutoires contre l'administrateur personnellement, et sur ses propres biens.

105. Le roi n'aura jamais, sous aucun prétexte que ce soit, et sous quelque dénomination que ce puisse être, de garde particulière : une garde d'honneur, qui ne pourra excéder le nombre de mille homme à pied et de cinq cents hommes à cheval, et qui sera renouvelée journellement, lui sera fournie, moitié par la garde nationale et moitié par les troupes de l'armée.

De la régence.

106. Le roi est mineur jusqu'à l'âge de dix-huit ans accomplis; et pendant sa minorité, il y a un régent du royaume.

107. La régence appartient au parent du Roi le plus proche en degré, suivant l'ordre et l'hérédité au trône, et âgé de vingt-cinq ans accomplis, pourvu qu'il soit Français et régnicole, et qu'il ne soit pas héritier présomptif d'une autre couronne.

Les femmes sont exclues de la régence.

108. Si un Roi mineur n'avait aucuns parens réunissant les qualités ci-dessus exprimées, le régent du royaume sera élu ainsi qu'il va être dit aux articles suivans.

109. Le régent sera élù par le pouvoir législatif, qui fera publier l'élection dans tout le royaume par une proclamation.

110. Le régent exerce, jusqu'à la majorité du Roi, toutes les fonctions de la royauté, et n'est pas personnellement responsable des actes de son administration.

111. Le régent ne peut commencer l'exercice de ses fonctions qu'après avoir prêté à la nation, en présence des chambres réunies à cet effet, le serment d'*être fidèle à la Nation, à la Charte et au Roi, d'employer tout le pouvoir délégué au Roi, et dont l'exercice lui est confié pendant la minorité du Roi, à maintenir la Charte et à faire exécuter les lois.*

Si les chambres ne sont pas assemblées, le régent fera publier une proclamation dans laquelle seront exprimés ce serment et la promesse de le réitérer aussitôt que les chambres seront assemblées.

112. Tant que le régent n'est pas entré en exercice de ses fonctions, la promulgation des lois demeure suspendue : les ministres continuent de faire, sous leur responsabilité, tous les actes du pouvoir exécutif.

113. Aussitôt que le régent aura prêté le serment, le pouvoir législatif déterminera son traitement, lequel ne pourra être changé pendant la durée de la régence.

114. Si, à raison de la minorité d'âge du parent appelé à la régence, elle a été dévolue à un parent plus éloigné ou déférée par élection, le régent qui sera entré en exercice continuera ses fonctions jusqu'à la majorité du Roi.

115. La régence du royaume ne confère aucun droit sur la personne du Roi mineur.

116. La garde du Roi mineur sera confiée à sa mère, et s'il n'a pas de mère, ou si elle est remariée au temps de l'avènement de son fils au trône, ou si elle se remarie pendant la minorité, la garde sera déférée par le pouvoir législatif.

Ne peuvent être élus pour la garde du Roi mineur, ni le régent et ses descendans, ni les femmes.

117. En cas de démence du Roi notoirement reconnue, légalement constatée et déclarée par le pouvoir législatif, après trois délibérations successivement prises de mois en mois, il y a lieu à la régence tant que là démence dure.

De la famille du Roi.

118. L'héritier présomptif portera le nom de prince royal.

Il ne peut sortir du royaume sans un décret du corps législatif et le consentement du Roi.

S'il en est sorti, et si, étant parvenu à l'âge de dix-huit ans, il ne rentre pas en France, après en avoir été requis par une proclamation du corps législatif, il est censé avoir abdiqué le droit de succession au trône.

119. Si l'héritier présomptif est mineur, le parent majeur, premier appelé à la régence, est tenu de résider dans le royaume.

Dans le cas où il en serait sorti, et n'y rentrerait pas sur la réquisition du corps législatif; il sera censé avoir abdiqué son droit à la régence.

120. La mère du Roi mineur ayant sa garde, ou le gardien élu, s'ils sortent du royaume, sont déchus de la garde.

Si la mère de l'héritier présomptif mineur sortait du royaume, elle ne pourrait, même après son retour, avoir la garde de son fils mineur devenu Roi, que par un décret du corps législatif.

121. Il sera fait une loi pour régler l'éducation du Roi mineur et celle de l'héritier présomptif mineur.

122. Les membres de la famille royale du Roi appelés à la succession éventuelle au trône, jouissent des droits de citoyen

actif, mais ne sont éligibles à aucune des places, emplois ou fonctions qui sont à la nomination du peuple.

A l'exception des départemens du ministère, ils sont susceptibles des places et emplois à la nomination du Roi; néanmoins ils ne pourront commander en chef aucune armée de terre ou de mer, ni remplir les fonctions d'ambassadeur, qu'avec le consentement du corps législatif, accordé sur la proposition du Roi.

123. Les membres de la famille du Roi appelés à la succession éventuelle au trône, ajouteront la dénomination de *prince français* au nom qui leur aura été donné dans l'acte civil constatant leur naissance; et ce nom ne pourra être ni patronimique ni formé d'aucune des qualifications abolies par la Charte.

La dénomination de *prince* ne pourra être donnée à aucun autre individu, et n'emportera aucun privilége ni aucune exception au droit commun de tous les Français.

124. Les actes par lesquels seront légalement constatés les naissances, mariages et décès des princes français, seront présentés au corps législatif, et chacun des chanceliers en ordonnera le dépôt dans les archives.

125. Il ne sera accordé aux membres de la famille du Roi aucun apanage réel.

Les fils puînés du Roi recevront, à l'âge de vingt-cinq ans accomplis, ou lors de leur mariage, une rente apanagère, laquelle sera fixée par le corps législatif, et finira à l'extinction de leur postérité masculine.

Des ministres.

126. Le Roi seul nomme et révoque ses ministres.

127. Aucun ordre du Roi ne peut être exécuté s'il n'est

signé par lui et contresigné par le ministre ou l'ordonnateur du département.

128. Les ministres sont responsables de tous les délits par eux commis contre la sûreté nationale et la Charte;

De tout attentat à la propriété et à la liberté individuelle;

De toute dissipation des deniers destinés aux dépenses de leur département.

129. Les ministres sont accusés par la chambre des députés et jugés par la chambre des pairs.

En aucun cas, l'ordre du Roi, verbal ou par écrit, ne peut soustraire un ministre à la responsabilité.

13o. Les ministres sont tenus de présenter chaque année au corps législatif, à l'ouverture de la session, l'aperçu des dépenses à faire dans leur département, de rendre compte de l'emploi des sommes qui y étaient destinées, et d'indiquer les abus qui auraient pu s'introduire dans les différentes parties du gouvernement.

131. Aucun ministre en place ou hors de place ne peut être poursuivi en matière criminelle pour fait de son administration, sans un décret du corps législatif.

Relations du corps législatif avec le Roi ou le régent.

132. Lorsque le corps législatif est définitivement constitué, chacune des chambres envoie au Roi une députation pour l'en instruire. Le Roi peut réunir les chambres, pour faire l'ouverture de la session et proposer les objets qu'il croit devoir être pris en considération pendant le cours de cette session.

133. Lorsque le corps législatif veut s'ajourner au-delà de quinze jours, il est tenu d'en prévenir le Roi par une députation, pour lui annoncer le jour où il se propose de terminer ses séances; le Roi peut réunir les chambres pour faire la clôture de la session.

134. Si le Roi trouve important au bien de l'État que la session soit continuée, ou que l'ajournement n'ait pas lieu, ou qu'il n'ait lieu que pour un temps moins long, il peut à cet effet envoyer un message, sur lequel le corps législatif est tenu de délibérer.

135. Le Roi convoquera le corps législatif dans l'intervalle de ses sessions, toutes les fois que l'intérêt de l'État lui paraîtra l'exiger, ainsi que dans les cas qui auront été prévus et déterminés par le corps législatif, avant de s'ajourner.

136. Toutes les fois que le Roi réunira les chambres, il sera reçu et reconduit par une députation. Il ne pourra être accompagné dans l'intérieur de la salle que par le prince royal et par les ministres.

137. Le corps législatif réuni cesse d'être corps délibérant.

138. Les actes de la correspondance du Roi avec le corps législatif seront toujours contre-signés par un ministre.

139. Les ministres du Roi auront entrée dans l'une et l'autre des chambres; ils y auront une place marquée, ils seront entendus toutes les fois qu'ils le demanderont sur les objets relatifs à leur administration, ou lorsqu'ils seront requis de donner des éclaircissemens. Ils seront également entendus sur les objets étrangers à leur administration, quand la chambre leur accordera la parole.

De l'exercice du pouvoir exécutif.

140. Le Roi est le chef suprême de l'administration générale du royaume; le soin de veiller au maintien de l'ordre et de la tranquillité publique lui est confié.

Le Roi est le chef suprême de la garde nationale, de l'armée de terre et de l'armée navale.

Au Roi est délégué le soin de veiller à la sûreté extérieure du royaume, d'en maintenir les droits et les possessions.

Le Roi nomme à tous les emplois civils et militaires, conformément à la Charte et aux lois.

141. L'effigie du Roi est empreinte sur toutes les monnaies du royaume.

142. Le Roi fait dresser la liste des pensions de retraite, pour être présentée au corps législatif à chacune de ses sessions, et décrétée s'il y a lieu.

TITRE VII.

CORPS ADMINISTRATIFS ET MUNICIPAUX.

143. Il y a dans chaque département une administration centrale, et dans chaque canton une administration municipale au moins.

144. Les fonctions des corps administratifs et municipaux, et leurs relations avec le pouvoir exécutif, sont réglées par une loi.

TITRE VIII.

POUVOIR JUDICIAIRE.

145. Le pouvoir judiciaire ne peut en aucun cas être exercé par le corps législatif ni par le Roi.

146. La justice sera rendue gratuitement, au nom du peuple français, par des juges inamovibles nommés par le Roi, conformément à l'art. 70.

147. Les tribunaux ne peuvent, ni s'immiscer dans l'exercice du pouvoir législatif, ni arrêter ni suspendre l'exécution d'aucune loi.

148. L'organisation et les fonctions des tribunaux, ainsi que leurs relations avec le pouvoir exécutif, sont réglées par une loi.

L'organisation des notaires et des avoués sera réglée par la même loi.

149. Nul ne peut être distrait des juges que la loi lui assigne.

TITRE IX.

DE LA FORCE ARMÉE.

15o. La force armée est instituée pour défendre l'État contre les ennemis du dehors, et pour assurer au-dedans le maintien de l'ordre et l'exécution des lois.

151. Elle est composée :

De l'armée de terre et de mer ;

De la troupe spécialement destinée au service intérieur ;

Et subsidiairement des citoyens actifs et de leurs enfans en état de porter les armes, inscrits sur le rôle de la garde nationale.

152. Les gardes nationales ne forment ni un corps militaire, ni une institution dans l'État : ce sont les citoyens eux-mêmes appelés au service de la force publique.

153. Il y aura une loi d'organisation de l'armée de terre et de mer.

Ses dispositions assureront d'une manière légale l'état des officiers de tout grade des armées de terre et de mer.

154. Il y aura une loi d'organisation de la garde nationale, avec intervention des gardes nationaux dans le choix de leurs officiers et sous-officiers.

155. La force publique est essentiellement obéissante ; nul corps armé ne peut délibérer.

TITRE X.

INSTRUCTION PUBLIQUE.

156. Il y a dans tout le royaume un institut national chargé de recueillir les découvertes, de perfectionner les arts et les sciences.

157. Les citoyens ont le droit de former des établisse-

3

mens particuliers d'éducation et d'instruction, ainsi que des sociétés libres pour concourir aux progrès des sciences, des lettres et des arts.

158. Il y aura une loi d'organisation de l'instruction publique et des établissemens consacrés à cette instruction.

TITRE XI.

FINANCES.

159. Les contributions publiques sont délibérées et fixées chaque année par le corps législatif. A lui seul appartient d'en établir. Elles ne peuvent subsister au-delà d'un an, si elles ne sont expressément renouvelées.

160. Le corps législatif peut créer tel genre de contribution qu'il croira nécessaire, mais il doit établir chaque année une imposition foncière et une imposition personnelle.

161. Les contributions de toute nature sont réparties entre tous les contribuables, à raison de leurs facultés.

162. Le pouvoir exécutif dirige et surveille la perception et le versement des contributions, et donne à cet effet tous les ordres nécessaires.

163. Les comptes détaillés de la dépense des ministres, signés et certifiés par eux, sont rendus publics au commencement de chaque année.

Il en sera de même des états de recette des diverses contributions, et de tous les revenus publics.

164. Les états de ces dépenses et recettes sont distingués suivant leur nature; ils expriment les sommes touchées et dépensées, année par année, dans chaque partie d'administration générale.

165. Sont également publiés les comptes des dépenses particulières aux départemens et relatives aux tribunaux,

aux administrations, aux progrès des sciences, à tous les travaux et établissemens publics.

166. Les administrations départementales et municipales ne peuvent faire aucune répartition au-delà des sommes fixées par le corps législatif, ni délibérer ou permettre, sans être autorisées par lui, aucun emprunt local à la charge des citoyens du département, de la commune ou du canton.

167. Au corps législatif seul appartient le droit de régler la fabrication et l'émission de toute espèce de monnaie, d'en fixer la valeur et le poids, et d'en déterminer le type.

Il y a uniformité du système monétaire dans tout le royaume.

168. Le pouvoir exécutif surveille la fabrication des monnaies.

169. Le corps législatif détermine les contributions des colonies et leurs rapports commerciaux avec la métropole.

170. Il y aura une loi d'organisation de la trésorerie nationale et comptabilité.

TITRE XII.

RELATIONS EXTÉRIEURES.

171. La guerre ne peut être décidée que par un décret du corps législatif, sur la proposition formelle et nécessaire du pouvoir exécutif.

172. Les deux chambres concourent, suivant les formes d'urgence, au décret par lequel la guerre est décidée.

173. En cas d'hostilité imminentes ou commencées, de menaces ou de préparatifs de guerre contre la France, le Roi est tenu d'employer, pour la défense de l'État, les moyens mis à sa disposition, à la charge de réunir par une proclamation, et d'en prévenir sans délai le corps législatif.

Il peut même indiquer, en ce cas, les augmentations de force et les nouvelles dispositions législatives que les circonstances pourraient exiger.

174. Le Roi seul peut entretenir des relations politiques au-dehors, conduire les négociations, distribuer les forces de terre et de mer ainsi qu'il le jugera convenable, et en régler la direction en cas de guerre.

175. Il est autorisé à faire les stipulations préliminaires, telles que des armistices, des neutralisations; il peut arrêter aussi des conventions secrètes.

176. Le pouvoir exécutif arrête, signe ou fait signer avec les puissances étrangères tous les traités de paix, d'alliance, de trêve, de neutralité, de commerce, et autres conventions qu'il juge nécessaires au bien de l'État.

Ces traités et conventions sont négociés, au nom du peuple français, par des agens diplomatiques nommés par le Roi et chargés de ses intentions.

177. Dans le cas où un traité renferme des articles secrets, les dispositions de ces articles ne peuvent être destructives des articles patens, ni contenir aucune aliénation du territoire de la France.

178. Les traités ne sont valables qu'après avoir été examinés et ratifiés par le corps législatif; néanmoins les conditions secrètes peuvent recevoir provisoirement leur exécution dès l'instant même où elles sont arrêtées par le Roi.

179. L'une et l'autre chambre se forme en comité secret pour délibérer sur la guerre ou sur la paix.

180. Les étrangers établis ou non en France, succèdent à leurs parens étrangers ou Français; ils peuvent contracter, acquérir et recevoir des biens situés en France, et en disposer de même que les citoyens français par tous les moyens autorisés par les lois.

TITRE XIII.

RÉVISION DE LA CHARTE.

181. Si l'expérience faisait sentir les inconvéniens de quelques articles de la Charte, la chambre des députés en proposerait la révision.

182. Lorsque, dans un espace de neuf années, la résolution de la chambre des députés, approuvée par la chambre des pairs, a été faite à trois époques éloignées l'une de l'autre de trois années au moins, la chambre des députés nomme une assemblée de révision composée de deux cents pairs.

183. L'assemblée de révision n'exerce aucune fonction législative ni de gouvernement; elle se borne à la révision des seuls articles de la Charte qui lui ont été désignés par le corps législatif.

184. Tous les articles de la Charte, sans exception, continuent d'être en vigueur tant que les changemens proposés par l'assemblée de révision n'ont pas été acceptés par le peuple.

185. L'assemblée de révision adresse immédiatement aux assemblées primaires le projet de réforme qu'elle a arrêté.

Elle est dissoute dès que ce projet leur a été adressé.

186. En aucun cas la durée de l'assemblée de révision ne peut excéder trois mois.

TITRE XIV.

DISPOSITIONS GÉNÉRALES.

187. Il n'existe entre les citoyens d'autre supériorité que celle des fonctionnaires publics, et relativement à l'exercice de leurs fonctions.

188. La loi ne reconnaît ni vœux religieux, ni aucun engagement contraires aux droits naturels de l'homme.

189. Nul ne peut être empêché de dire, écrire, imprimer et publier sa pensée.

Les écrits ne peuvent être soumis à aucune censure avant leur publication.

Nul ne peut être responsable de ce qu'il a dit, écrit ou publié que dans les cas prévus par la loi.

190. Nul ne peut être empêché d'exercer, en se conformant aux lois, le culte qu'il a choisi.

Les ministres de tous les cultes reçoivent une égale protection; leur salaire est également fixé par une loi, comme la liste civile, et pour toute la durée d'un règne.

Il y aura une loi d'organisation des établissemens et des ministres des différens cultes.

191. Il n'y a ni privilége, ni maîtrise, ni jurande, ni limitation à la liberté du commerce et à l'exercice de l'industrie et des arts de toute espèce.

Toute loi prohibitive en ce genre, quand les circonstances la rendent nécessaire, est essentiellement provisoire et n'a d'effet que pendant un an au plus, à moins qu'elle ne soit formellement renouvelée.

192. La loi surveille particulièrement les professions qui intéressent les mœurs publiques, la sûreté et la santé des citoyens; mais on ne peut faire dépendre l'admission à l'exercice de ces professions d'aucune prestation pécuniaire.

193. La loi doit pourvoir à la récompense des inventeurs ou au maintien de la propriété exclusive de leurs découvertes ou de leurs productions.

194. La Charte garantit l'inviolabilité de toutes les propriétés, ou la juste indemnité préalable de celles dont la nécessité publique légalement constatée exigerait le sacrifice.

195. La maison de chaque citoyen est un asyle inviolable; pendant la nuit, nul n'a le droit d'y entrer que dans les cas

d'incendie, d'inondation, ou de réclamation venant de l'intérieur de la maison.

Pendant le jour on peut y exécuter les ordres des autorités constituées.

Aucune visite domiciliaire ne peut avoir lieu qu'en vertu d'une loi, et pour la personne ou l'objet expressément désigné dans l'acte qui ordonne la visite.

196. Il ne peut être formé de corporations ni d'associations contraires à l'ordre public.

197. Les citoyens ne peuvent exercer leurs droits politiques que dans les assemblées primaires et électorales.

198. Tous les citoyens sont libres d'adresser aux autorités publiques des pétitions; mais elles doivent être individuelles: nulle association ne peut en présenter de collectives, si ce n'est les autorités constituées, et pour des objets propres à leur attribution.

Les pétitionnaires ne doivent jamais oublier le respect dû aux autorités constituées.

199. Il y a dans le royaume uniformité de poids et de mesures.

200. Les citoyens se rappelleront sans cesse que c'est de la sagesse du choix, dans les assemblées primaires et électorales, que dépendent principalement la prospérité de la France.

Le peuple français remet le dépôt de la présente Charte à la fidélité du corps législatif, du pouvoir exécutif, des administrateurs et des juges; à la vigilance des pères de famille, aux épouses et aux mères, à l'affection des jeunes citoyens, au courage de tous les Français.

FIN.

TABLE DES MATIÈRES.